27
Ln 15473
A.

ORAISON FUNÈBRE

DE

HENRIETTE-ANNE D'ANGLETERRE

DUCHESSE D'ORLÉANS.

1860

Imprimerie Delalain.

ORAISON FUNÈBRE

DE

HENRIETTE-ANNE D'ANGLETERRE

DUCHESSE D'ORLÉANS

Prononcée à Saint-Denis, le vingt-unième jour d'août 1670.

ANALYSE. — Neuf mois après avoir prononcé l'oraison funèbre de la reine d'Angleterre, Bossuet va prononcer celle de sa fille, Henriette-Anne, duchesse d'Orléans. Cette princesse est morte à vingt-six ans, peut-être empoisonnée, au château de Saint-Cloud, le 30 juin 1670. Dans cette oraison funèbre, l'orateur, en présence de l'existence modeste et infortunée d'une grande princesse, n'a pas d'événements remarquables à raconter ; il ne fait pas non plus un récit suivi de sa vie et ne s'astreint nullement à l'ordre chronologique, pour le petit nombre de faits qu'il expose, mais il s'est proposé la démonstration d'une des vérités les plus importantes du christianisme, et jamais, comme on l'a dit avec vérité, les rois ne reçurent de pareilles leçons ; jamais la philosophie ne s'est exprimée avec autant d'indépendance que la religion parlant ici de leur néant aux puissances du siècle, par la bouche de l'orateur chrétien.

EXORDE. — L'exorde tiré de la personne même de l'orateur, qui va rendre à la fille les honneurs qu'il rendait naguère, devant elle, à sa mère, est du genre simple, mais ne tarde pas à s'élever par la citation des paroles du texte sacré.

Le texte est choisi très-naturellement, comme Bossuet se plaît à le faire observer : c'est la seule réflexion que lui permet une si sensible douleur ; elle constitue le fond même du sujet, dans lequel l'orateur se propose, ainsi que l'a dit un écrivain de nos jours, « de montrer la misère de l'homme par son côté périssable, et sa grandeur, par son côté immortel. »

PROPOSITION ET DIVISION. — La proposition est dans les paroles du texte, dans cette phrase qui en indique les développements : « ainsi tout est vain, en l'homme, si nous regardons ce qu'il donne au monde ; mais, au contraire, tout est important, si nous considérons ce qu'il doit à Dieu. »

CONFIRMATION. — La confirmation présente : 1° la naissance, la fortune et les grandes qualités de l'esprit ayant rassemblé tout ce qu'elles peuvent faire pour l'anéantir dans cette princesse ; Bossuet trace le portrait de celle que Dieu a choisie pour nous donner une grande instruction, et qu'il a sauvée par le même coup qui nous instruit : le tableau de sa mort termine son portrait : on reconnaît l'anéantissement et la dégradation de tout notre être dans la mort, et la sagesse même n'étant que vanité. — 2° La grandeur de l'homme par une secrète affinité avec Dieu : le sceau de Dieu était sur cette princesse, elle était entrée dans le sein de l'Église catholique ; sa mort n'a été si terrible, que par un effet de la grâce qui était en elle et qui a fait son triomphe. Quelle piété, quelle résignation dans ses derniers moments ! La grâce, cette excellente ouvrière, a renfermé en un jour la perfection d'une longue vie.

PÉRORAISON. — Cette péroraison n'est pas sans analogie avec celle qui termine l'oraison funèbre de la reine d'Angleterre, par sa simplicité et par les sentiments d'humilité chrétienne dont elle est remplie : en priant pour son âme, chrétiens, songeons à la nôtre ! Quel spectacle la Providence nous a présenté, pour nous enseigner la vanité des choses humaines ! que la seule pensée de la mort nous inspire, avant les derniers instants, une résignation sincère aux ordres de Dieu, et les saintes humiliations de la pénitence !

<blockquote>
Vanitas vanitatum, dixit Ecclesiastes, vanitas vanitatum, et omnia vanitas.

Vanité des vanités, a dit l'Ecclésiaste, vanité des vanités, et tout est vanité. (ECCL., I.)
</blockquote>

MONSEIGNEUR [1],

EXORDE. — J'étais donc encore destiné à rendre ce devoir funèbre à très-haute et très-puissante princesse Henriette-Anne d'Angleterre, duchesse d'Orléans. Elle, que j'avais vue si attentive, pendant que je rendais le même devoir à la reine sa mère [2], devait être si tôt après le sujet d'un discours sem-

---

1. *Monseigneur.* Il s'adresse ici au grand Condé.
2. Henriette-Anne d'Angleterre était fille de Charles Ier et de la reine Henriette-Marie, dont Bossuet avait prononcé l'oraison funèbre le 16 novembre 1669.

L'EXORDE est tiré de la personne même de l'orateur. Il est

blable, et ma triste voix était réservée à ce déplorable ministère. O vanité! ô néant! ô mortels ignorants de leurs destinées! L'eût-elle cru il y a dix mois? Et vous, messieurs, eussiez-vous pensé, pendant qu'elle versait tant de larmes en ce lieu, qu'elle dût si tôt vous y rassembler pour la pleurer elle-même? Princesse, le digne objet de l'admiration de deux grands royaumes, n'était-ce pas assez que l'Angleterre pleurât votre absence, sans être encore réduite à pleurer votre mort? et la France, qui vous revit avec tant de joie environnée d'un nouvel éclat, n'avait-elle plus d'autres pompes et d'autres triomphes pour vous, au retour de ce voyage fameux [1] d'où vous aviez remporté tant de gloire et de si belles espérances? « Vanité des vanités, et tout est vanité! » C'est la seule parole qui me reste, c'est la seule réflexion [2] que me permet, dans un accident si étrange, une si juste et si sensible douleur. Aussi n'ai-je point parcouru les livres sacrés pour y trouver quelque texte que je pusse appliquer à cette princesse; j'ai pris sans étude et sans choix les premières paroles que me présente l'Ecclésiaste, où, quoique la vanité ait été si souvent nommée, elle ne l'est pas encore assez à mon gré pour le dessein que je me propose. Je veux [3] dans un seul malheur déplorer toutes les calamités du genre humain, et dans une seule mort faire voir la mort et le néant de toutes les grandeurs humaines. Ce texte, qui convient à tous les états et à tous les événements de notre vie, par une raison particulière, devient propre à mon lamentable sujet, puisque jamais les vanités de la terre n'ont été si clairement découvertes, ni si hautement confondues. Non, après ce que nous venons de voir, la santé n'est qu'un nom, la vie n'est qu'un songe, la gloire n'est qu'une apparence, les grâces et

---

du genre simple; mais la pensée ne tarde guère à s'élever, et de ces considérations personnelles Bossuet passe vite à son sujet, par le texte sacré qu'il rappelle dès les premières lignes. Remarquez comme, de l'interrogation *l'eût-elle cru...*, il passe à l'apostrophe *et vous...*, et de là à la prosopopée *princesse....*

1. *Ce voyage fameux.* Voir, plus loin, la note 3, page 47.
2. *C'est la seule réflexion que me permet;* on dirait aujourd'hui *que me permette;* cependant l'indicatif a quelque chose de plus positif.
3. *Je veux dans un seul malheur.* Quelque grand que soit son sujet, Bossuet le rend plus grand encore et plus élevé, par la manière dont il le considère et le point de vue où il se place.

les plaisirs ne sont qu'un dangereux amusement ; tout est vain en nous, excepté le sincère aveu que nous faisons devant Dieu de nos vanités, et le jugement arrêté qui nous fait mépriser tout ce que nous sommes.

Mais dis-je la vérité[1] ? l'homme que Dieu a fait à son image, n'est-il qu'une ombre ? ce que Jésus-Christ est venu chercher du ciel en la terre, ce qu'il a cru pouvoir, sans se ravilir, racheter de tout son sang, n'est-ce qu'un rien ? Reconnaissons notre erreur : sans doute ce triste spectacle des vanités humaines nous imposait ; et l'espérance publique, frustrée tout à coup par la mort de cette princesse, nous poussait trop loin[2]. Il ne faut pas permettre à l'homme de se mépriser tout entier, de peur que, croyant avec les impies que notre vie n'est qu'un jeu où règne le hasard, il ne marche sans règle et sans conduite au gré de ses aveugles désirs. C'est pour cela que l'Ecclésiaste, après avoir commencé son divin ouvrage par les paroles que j'ai récitées, après en avoir rempli toutes les pages du mépris des choses humaines, veut enfin montrer à l'homme quelque chose de plus solide, et conclut tout son discours en lui disant : « Crains Dieu[3], et

---

1. *Mais dis-je la vérité?* Figure de langage qu'on appelle Correction, par laquelle l'orateur, revenant sur sa pensée, semble la corriger et lui donne de nouveaux développements. — *En la terre*, du latin, *in terris*, pour sur la terre. Ainsi, dans l'oraison Dominicale : « en la terre comme au ciel. »

2. Bossuet paraît s'être inspiré de ce magnifique passage de l'oraison funèbre de Césaire par saint Grégoire de Nazianze : .... ὡς τά γε μετὰ τοῦτο λαμπρὰ καὶ μεγάλα, καὶ μείζων ἢ κατὰ τὴν ἀξίαν ἐλπίς. Τί ἐστιν ὁ ἄνθρωπος, ὅτι μιμνήσκῃ αὐτοῦ ; τί τὸ καινὸν τοῦτο περὶ ἐμὲ μυστήριον ; μικρός εἰμι καὶ μέγας, ταπεινὸς καὶ ὑψηλός, θνητὸς καὶ ἀθάνατος, ἐπίγειος καὶ οὐράνιος. Ἐκεῖνα μετὰ τοῦ κάτω κόσμου, ταῦτα μετὰ τοῦ Θεοῦ · ἐκεῖνα μετὰ τῆς σαρκός, ταῦτα μετὰ τοῦ πνεύματος. Χριστῷ συνταφῆναί με δεῖ, Χριστῷ συναναστῆναι, συγκληρονομῆσαι Χριστῷ, υἱὸν γενέσθαι Θεοῦ, Θεὸν αὐτόν. « Au delà de la vie, tout est beau, tout est grand ; nos espérances surpassent nos mérites. Qu'est-ce que l'homme, pour qu'on se souvienne de lui ? Quel est ce nouveau mystère qui s'opère en moi ? je suis petit et grand, humble et élevé, mortel et immortel ; j'appartiens à la terre et au ciel. D'un côté je touche à la terre où je rampe, de l'autre je touche à Dieu. Si par là je suis de la chair, par ici je suis un pur esprit. Il faut être enseveli avec le Christ, ressusciter avec lui, prendre part avec lui à son héritage, devenir fils de Dieu, Dieu même. »

3. *Deum time, et mandata ejus observa ; hoc est enim omnis*

garde ses commandements, car c'est là tout l'homme ; et sache que le Seigneur examinera dans son jugement tout ce que nous aurons fait de bien ou de mal. » Ainsi tout est vain[1] en l'homme, si nous regardons ce qu'il donne au monde ; mais, au contraire, tout est important, si nous considérons ce qu'il doit à Dieu. Encore une fois tout est vain en l'homme, si nous regardons le cours de sa vie mortelle ; mais tout est précieux, tout est important, si nous contemplons le terme où elle aboutit, et le compte qu'il en faut rendre. Méditons donc aujourd'hui à la vue de cet autel et de ce tombeau la première et la dernière parole de l'Ecclésiaste, l'une qui montre le néant de l'homme, l'autre qui établit sa grandeur. Que ce tombeau[2] nous convainque de notre néant, pourvu que cet autel, où l'on offre tous les jours pour nous une victime d'un si grand prix, nous apprenne en même temps notre dignité : la princesse que nous pleurons sera un témoin fidèle de l'un et de l'autre. Voyons ce qu'une mort soudaine lui a ravi, voyons ce qu'une sainte mort lui a donné. Ainsi nous apprendrons à mépriser ce qu'elle a quitté sans peine, afin d'attacher toute notre estime à ce qu'elle a embrassé avec tant d'ardeur, lorsque son âme, épurée de tous les sentiments de la terre, et pleine du ciel où elle touchait, a vu la lumière toute manifeste. Voilà les vérités que j'ai à traiter, et que j'ai crues dignes d'être proposées à un si grand prince et à la plus illustre assemblée de l'univers.

CONFIRMATION. — « Nous mourons tous[3], disait cette femme dont l'Écriture a loué la prudence au second livre des Rois, et nous allons sans cesse au tombeau, ainsi que des eaux qui se perdent sans retour. » En effet, nous res-

---

homo ! et cuncta quæ fiunt adducet Deus in judicium, sive bonum, sive malum illud sit. (*Eccl.*, c. 12, v. 13, 14.)

1. *Ainsi tout est vain :* voici la PROPOSITION et la DIVISION du discours tout à la fois.

2. *Que ce tombeau..., que cet autel :* antithèses qui naissent du sujet même, et que lui offre naturellement la vue des lieux où il parle.

3. — Ici commence la CONFIRMATION. — Omnes morimur, et quasi aquæ dilabimur in terram quæ non revertuntur. (2 *Reg.*, c. 14, v. 14.) L'Écriture met ces paroles dans la bouche de Thécua, femme prudente envoyée par Joab à David pour fléchir ce prince irrité contre son fils Absalon, meurtrier de son fils aîné Amnon.

semblons tous à des eaux courantes. De quelque superbe distinction que se flattent les hommes, ils ont tous une même origine ; et cette origine est petite. Leurs années se poussent successivement comme des flots : ils ne cessent de s'écouler ; tant qu'enfin [1], après avoir fait un peu plus de bruit et traversé un peu plus de pays les uns que les autres, ils vont tous ensemble se confondre dans un abîme où l'on ne reconnaît plus ni princes, ni rois, ni toutes ces autres qualités superbes qui distinguent les hommes ; de même que ces fleuves tant vantés demeurent sans nom et sans gloire, mêlés dans l'Océan avec les rivières les plus inconnues.

Et certainement, messieurs, si quelque chose pouvait élever les hommes au-dessus de leur infirmité naturelle ; si l'origine, qui nous est commune, souffrait quelque distinction solide et durable entre ceux que Dieu a formés de la même terre, qu'y aurait-il dans l'univers de plus distingué que la princesse dont je parle ? Tout ce que peuvent faire non-seulement la naissance et la fortune, mais encore les grandes qualités de l'esprit, pour l'élévation d'une princesse, se trouve rassemblé et puis anéanti dans la nôtre [2]. De quelque côté que je suive les traces de sa glorieuse origine, je ne découvre que des rois, et partout je suis ébloui de l'éclat des plus augustes couronnes : je vois la maison de France [3], la plus grande sans comparaison de tout l'univers, et à qui les plus puissantes maisons peuvent bien céder sans envie, puisqu'elles tâchent de tirer leur gloire de cette source ; je vois les rois d'Écosse [4], les rois d'Angleterre, qui ont régné depuis tant de siècles sur une des plus belliqueuses nations de l'univers, plus encore par leur courage que par l'autorité de

---

1. *Tant qu'enfin*, locution un peu familière et vieillie, mais employée à propos et d'une grande justesse. — Cette comparaison prolongée devient une sorte d'allégorie.

2. *Rassemblé et puis anéanti*, antithèses nées du sujet même et du plus merveilleux effet. Comme Bossuet sait se faire pardonner ces éloges de la grandeur humaine ! Il ne semble l'exalter davantage que pour la précipiter de plus haut dans cet abîme, qu'il a entr'ouvert par les paroles du texte sacré : *Vanitas*....

3. *Je vois la maison de France* : sa mère était fille de Henri IV.

4. *Les rois d'Écosse* : Marguerite Tudor, fille de Henri VII d'Angleterre, avait épousé Jacques IV, roi d'Écosse. Henriette-Anne était fille de Charles Ier, qui était fils de Jacques Ier, de ce nom en Angleterre et VIe en Écosse.

leur sceptre. Mais cette princesse, née sur le trône, avait l'esprit et le cœur plus hauts que sa naissance. Les malheurs de sa maison n'ont pu l'accabler dans sa première jeunesse; et dès lors on voyait en elle une grandeur qui ne devait rien à la fortune. Nous disions avec joie que le ciel l'avait arrachée comme par miracle des mains des ennemis du roi son père, pour la donner à la France : don précieux, inestimable présent, si seulement[1] la possession en avait été plus durable! Mais pourquoi ce souvenir vient-il m'interrompre? Hélas! nous ne pouvons un moment arrêter les yeux sur la gloire de la princesse, sans que la mort s'y mêle aussitôt pour tout offusquer de son ombre. O mort! éloigne-toi[2] de notre pensée, et laisse-nous tromper, pour un peu de temps, la violence de notre douleur par le souvenir de notre joie. Souvenez-vous donc, messieurs, de l'admiration que la princesse d'Angleterre donnait à toute la cour : votre mémoire vous la peindra mieux avec tous ses traits et son incomparable douceur, que ne pourront jamais faire toutes mes paroles. Elle croissait au milieu des bénédictions de tous les peuples, et les années ne cessaient de lui apporter de nouvelles grâces. Aussi la reine sa mère, dont elle a toujours été la consolation, ne l'aimait pas plus tendrement que faisait Anne d'Espagne. Anne, vous le savez, messieurs, ne trouvait rien au dessus[3] de cette princesse. Après nous avoir donné une reine, seule capable, par sa piété et par ses autres vertus royales, de soutenir la réputation d'une tante si illustre[4], elle voulut,

1. *Si seulement....*

Propria hæc si dona fuissent. (*Æn.*, lib. VI, v. 872.)

Mêmes regrets exprimés de la même manière par Virgile et par Bossuet, dans une occasion semblable.

2. *O mort! éloigne-toi....*, apostrophe vive et animée, sert de transition entre cette idée du néant et le portrait de la reine qu'il commence aussitôt. Remarquez la grâce et la délicatesse du style de ce portrait et comparez-le à l'énergique concision du portrait de Cromwell, dans l'oraison funèbre de la mère, page 22. Là, c'était Salluste ou Thucydide, ici c'est tout le charme de Tite-Live ou de Xénophon.

3. *Ne trouvait rien au-dessus.* Anne d'Espagne ou d'Autriche voulait faire de Henriette-Anne la femme de Louis XIV, mais celui-ci ne la trouva pas à son gré.

4. *Une tante si illustre.* Anne d'Autriche était fille de Philippe III, roi d'Espagne et sœur de Philippe IV, le père de Ma-

pour mettre dans sa famille ce que l'univers avait de plus grand, que Philippe de France, son second fils, épousât la princesse Henriette; et, quoique le roi d'Angleterre, dont le cœur[1] égale la sagesse, sût que la princesse sa sœur, recherchée de tant de rois, pouvait honorer un trône, il lui vit remplir avec joie la seconde place de France, que la dignité d'un si grand royaume peut mettre en comparaison avec les premières du reste du monde.

Que si son rang la distinguait, j'ai eu raison de vous dire qu'elle était encore plus distinguée par son mérite. Je pourrais vous faire remarquer qu'elle connaissait si bien la beauté des ouvrages de l'esprit, que l'on croyait avoir atteint la perfection quand on avait su plaire à Madame[2] : je pourrais encore ajouter, que les sages et les plus expérimentés admiraient cet esprit vif et perçant, qui embrassait sans peine les plus grandes affaires, et pénétrait avec tant de facilité dans les plus secrets intérêts. Mais pourquoi m'étendre sur une matière où je puis tout dire en un mot? Le roi, dont le jugement est une règle toujours sûre[3], a estimé la capacité de cette princesse et l'a mise par son estime au-dessus de tous nos éloges.

Cependant ni cette estime[4], ni tous ces grands avantages n'ont pu donner atteinte à sa modestie. Tout éclairée qu'elle était, elle n'a point présumé de ses connaissances, et jamais ses lumières ne l'ont éblouie. Rendez témoignage[5] à ce que je dis, vous que cette grande princesse a honorés de sa confiance : quel esprit avez-vous trouvé plus élevé? mais quel

rie-Thérèse, qui fut mariée à Louis XIV le 4 juin 1660. En 1683, Bossuet prononça l'oraison funèbre de Marie-Thérèse. En 1667, il avait prononcé l'oraison funèbre d'Anne d'Autriche, mais ce dernier discours n'a pas été imprimé.

1. *Dont le cœur...* Éloge peu mérité, mais obligatoire et concis.

2. *Plaire à Madame.* Elle venait de donner à Corneille et à Racine le sujet de Bérénice. Elle savait distinguer Boileau. — Remarquez la Prétermission; *je pourrais vous faire remarquer..., ajouter..., mais pourquoi....*

3. *A estimé...,* hommage rendu en passant au roi Louis XIV. Ce compliment est conforme à l'esprit du siècle.

4. Remarquez la transition tirée de l'opposition entre ces avantages brillants et la modestie de la reine.

5. *Rendez témoignage,* apostrophe, espèce d'obsécration.

esprit avez-vous trouvé plus docile? Plusieurs, dans la crainte d'être trop faciles, se rendent inflexibles à la raison et s'affermissent contre elle. Madame s'éloignait toujours autant de la présomption que de la faiblesse; également estimable, et de ce qu'elle savait trouver les sages conseils et de ce qu'elle était capable de les recevoir. On les sait bien connaître, quand on fait sérieusement l'étude qui plaisait tant à cette princesse, nouveau genre d'étude et presque inconnu aux personnes de son âge et de son rang, ajoutons, si vous voulez, de son sexe : elle étudiait ses défauts; elle aimait qu'on lui en fît des leçons sincères[1], marque assurée d'une âme forte que ses fautes ne dominent pas, et qui ne craint point de les envisager de près, par une secrète confiance des ressources qu'elle sent pour les surmonter. C'était le dessein d'avancer dans cette étude de la sagesse qui la tenait si attachée à la lecture de l'histoire, qu'on appelle avec raison la sage conseillère des princes. C'est là que les plus grands rois n'ont plus de rang que par leurs vertus, et que, dégradés à jamais par les mains de la mort[2], ils viennent subir, sans cour et sans suite, le jugement de tous les peuples[3] et de tous les siècles; c'est là qu'on découvre que le lustre qui vient de la flatterie est superficiel, et que les fausses couleurs, quelque industrieusement qu'on les applique, ne tiennent pas. Là notre admirable princesse étudiait les devoirs de ceux dont la vie compose l'histoire[4] : elle y perdait insensiblement le goût des romans et de leurs fades héros; et, soigneuse de se former sur le vrai, elle méprisait ces froides et dangereuses fictions. Ainsi, sous un visage riant, sous cet air de jeunesse qui semblait ne promettre que des jeux, elle

1. *Qu'on lui en fît des leçons.* Remarquez cette expression : *qu'on lui fît des leçons de ses défauts;* leçons est employé dans le sens de remontrances au sujet de ses défauts.
2. *Dégradés par les mains de la mort.* Dégradés ne signifie pas avilis, mais privés de leur rang : *de gradu.*
3. Allusion à ce qui se passait en Égypte après la mort des rois.
4. *Dont la vie compose l'histoire.* Comme cette expression rehausse les personnages dont Bossuet s'occupe! Cette façon d'envisager l'histoire ne serait pas aussi vraie de nos jours, que l'histoire est assise sur des bases un peu plus larges. — Remarquez aussi de quelle manière il apprécie, en passant, la lecture des romans dont le goût était alors aussi répandu que de notre temps.

cachait un sens et un sérieux dont ceux qui traitaient avec elle étaient surpris.

Aussi pouvait-on sans crainte lui confier les plus grands secrets. Loin du commerce des affaires et de la société des hommes, ces âmes sans force aussi bien que sans foi, qui ne savent pas retenir leur langue indiscrète ! « Ils ressemblent, dit le Sage, à une ville sans murailles, qui est ouverte de toutes parts[1], » et qui devient la proie du premier venu. Que Madame était au-dessus de cette faiblesse ! Ni la surprise, ni l'intérêt, ni la vanité, ni l'appât d'une flatterie délicate ou d'une douce conversation, qui souvent, épanchant le cœur, en fait échapper le secret[2], n'était capable de lui faire découvrir le sien ; et la sûreté qu'on trouvait en cette princesse, que son esprit rendait si propre aux grandes affaires, lui faisait confier les plus importantes.

Ne pensez pas[3] que je veuille, en interprète téméraire des secrets d'État, discourir sur le voyage d'Angleterre, ni que j'imite ces politiques spéculatifs, qui arrangent, suivant leurs idées, les conseils des rois et composent, sans instruction, les annales de leur siècle. Je ne parlerai de ce voyage glorieux que pour dire que Madame y fut admirée plus que jamais. On ne parlait qu'avec transport de la bonté de cette princesse qui, malgré les divisions trop ordinaires dans les cours, lui gagna d'abord tous les esprits. On ne pouvait

---

1. Sicut urbs patens et absque murorum ambitu; ita vir qui non potest in loquendo cohibere spiritum suum. (*Prov.*, cap. 25, v. 28.) — Remarquez la manière hardie dont cette phrase, tout exclamative, est jetée au milieu de la période : *loin du commerce....*

2. *Épanchant le cœur, en fait échapper le secret*, image remarquable par sa vérité et sa grâce.

3. Prétérition au moyen de laquelle il rappelle, sans entrer dans les détails, la confiance dont cette princesse fut honorée et la part qu'elle prit aux affaires de l'État. — *Politiques spéculatifs*, ceux qui se dédommagent de ne pouvoir se mêler des affaires publiques en se livrant à des théories oiseuses. Ce mot était fort usité en ce sens. — Le but de ce voyage en Angleterre était de détacher Charles II de l'alliance des Hollandais ; deux millions de livres furent payés comme subsides par Louis XIV à ce prince, qui devait abjurer le protestantisme et qui n'osa le faire. Jacques d'York, son frère, abjura, mais il se rendit impopulaire et fut plus tard détrôné par un gendre protestant. Toute cette négociation était alors secrète.

assez louer son incroyable dextérité à traiter les affaires les plus délicates, à guérir ces défiances cachées qui souvent les tiennent en suspens et à terminer tous les différends d'une manière qui conciliait les intérêts les plus opposés. Mais qui pourrait penser, sans verser des larmes, aux marques d'estime et de tendresse que lui donna le roi son frère? Ce grand roi, plus capable encore d'être touché par le mérite que par le sang, ne se lassait point d'admirer les excellentes qualités de Madame. O plaie irrémédiable! ce qui fut en ce voyage le sujet d'une si juste admiration est devenu pour ce prince le sujet d'une douleur qui n'a point de bornes. Princesse, le digne lien des deux plus grands rois du monde, pourquoi leur avez-vous été si tôt ravie? Ces deux grands rois se connaissent, c'est l'effet des soins de Madame : ainsi leurs nobles inclinations concilieront leurs esprits, et la vertu sera entre eux une immortelle médiatrice. Mais si leur union ne perd rien de sa fermeté, nous déplorerons éternellement qu'elle ait perdu son agrément le plus doux, et qu'une princesse si chérie de tout l'univers ait été précipitée dans le tombeau, pendant que la confiance de deux si grands rois l'élevait au comble de la grandeur et de la gloire.

La grandeur et la gloire[1]! Pouvons-nous encore entendre ces noms dans ce triomphe de la mort? Non, messieurs, je ne puis plus soutenir ces grandes paroles, par lesquelles l'arrogance humaine tâche de s'étourdir elle-même, pour ne pas apercevoir son néant. Il est temps de faire voir que tout ce qui est mortel, quoi qu'on ajoute par le dehors pour le faire paraître grand, est, par son fond, incapable d'élévation. Écoutez à ce propos le profond raisonnement, non d'un philosophe qui dispute dans une école, ou d'un religieux qui médite dans un cloître; je veux confondre le monde[2] par ceux que le monde même révère le plus, par ceux qui le connaissent le mieux, et ne lui veux donner pour le convaincre que des docteurs assis

1. *La grandeur et la gloire.* Retour par ce contraste à des idées de mort et d'anéantissement, à ce triomphe de la mort, comme il le dit si admirablement.

2. *Je veux confondre le monde.* Remarquez à quelle hauteur Bossuet se place : c'est le même orateur qui s'écriait, dans l'oraison funèbre de la mère : « Il faut que je m'élève au-dessus de l'homme, pour faire trembler toute créature sous les jugements de Dieu. »

sur le trône. « O Dieu, dit le roi prophète, vous avez fait mes jours mesurables, et ma substance n'est rien devant vous[1]. » Il est ainsi[2], chrétiens : tout ce qui se mesure finit ; et tout ce qui est né pour finir n'est pas tout à fait sorti du néant où il est sitôt replongé. Si notre être, si notre substance n'est rien, tout ce que nous bâtissons dessus que peut-il être? Ni l'édifice[3] n'est plus solide que le fondement, ni l'accident attaché à l'être plus réel que l'être même. Pendant que la nature nous tient si bas, que peut faire la fortune pour nous élever? Cherchez, imaginez parmi les hommes les différences les plus remarquables ; vous n'en trouverez point de mieux marquée, ni qui vous paraisse plus effective que celle qui relève le victorieux au-dessus des vaincus qu'il voit étendus à ses pieds. Cependant ce vainqueur, enflé de ses titres, tombera lui-même à son tour entre les mains de la mort. Alors ces malheureux vaincus rappelleront à leur compagnie leur superbe triomphateur ; et du creux de leur tombeau sortira cette voix, qui foudroie toutes les grandeurs : « Vous voilà blessé comme nous ; vous êtes devenu semblable à nous[4]. » Que la fortune ne tente donc pas de nous tirer du néant, ni de forcer la bassesse de notre nature.

Mais peut-être[5], au défaut de la fortune, les qualités de l'esprit, les grands desseins, les vastes pensées, pourront nous distinguer du reste des hommes? Gardez-vous bien de le croire, parce que toutes nos pensées qui n'ont pas Dieu pour objet sont du domaine de la mort[6]. « Ils mourront, dit le roi prophète, et en ce jour périront toutes leurs pen-

---

1. Ecce mensurabiles posuisti dies meos, et substantia mea tanquam nihilum ante te. (*Psal.*, XXXVIII, v. 6.)

2. *Il est ainsi*, est très-correct et signifie : cela est ou arrive ainsi. De nos jours on dirait : *Il en est ainsi*, c'est-à-dire cela arrive ainsi, expression qui ne paraît ni plus simple ni plus logique.

3. *Ni l'édifice....* Bossuet prépare l'esprit à ces idées abstraites par des métaphores qui les rendent sensibles.

4. Ecce tu vulneratus es, sicut et nos ; nostri similis effectus es. (Isa., c. XIV, v. 10.)

5. *Mais peut-être*, exemple de subjection.

6. *Domaine de la mort*, expression très-belle et très-énergique.

Bossuet. *Oraisons.* 3

sées[1] : » c'est-à-dire les pensées des conquérants, les pensées des politiques qui auront imaginé, dans leurs cabinets, des desseins où le monde[2] entier sera compris. Ils se seront munis de tous côtés par des précautions infinies ; enfin ils auront tout prévu, excepté leur mort, qui emportera en un moment toutes leurs pensées. C'est pour cela que l'Ecclésiaste, le roi Salomon, fils du roi David (car je suis bien aise de vous faire voir la succession de la même doctrine dans un même trône[3]) ; c'est, dis-je, pour cela que l'Ecclésiaste, faisant le dénombrement des illusions qui travaillent les enfants des hommes, y comprend la sagesse même. « Je me suis, dit-il, appliqué à la sagesse, et j'ai vu que c'était encore une vanité[4], » parce qu'il y a une fausse sagesse qui, se renfermant dans l'enceinte des choses mortelles, s'ensevelit avec elles dans le néant. Ainsi je n'ai rien fait pour Madame, quand je vous ai représenté tant de belles qualités qui la rendaient admirable au monde, et capable des plus hauts desseins où une princesse puisse s'élever. Jusqu'à ce que je commence à vous raconter ce qui l'unit à Dieu, une si illustre princesse ne paraîtra dans ce discours que comme un exemple[5], le plus grand qu'on se puisse proposer, et le plus capable de persuader aux ambitieux qu'ils n'ont aucun moyen de se distinguer, ni par leur naissance, ni par leur grandeur, ni par leur esprit, puisque la mort, qui égale

---

1. In illa die peribunt omnes cogitationes eorum. (*Psal.*, CXLV, v. 4.)
2. *Des desseins où le monde....* Remarquez *où* pour *dans lesquels*, et un peu plus haut : *du néant où il est sitôt replongé*, *où* pour *que* et *y* ; n'est pas tout à fait sorti du néant *qu'il y* est sitôt replongé. Cet emploi de *où*, comme pronom conjonctif, était fréquent au dix-septième siècle.
3. *Dans un même trône* : celui de Judée. Salomon fut le successeur de David son père qui vient d'être cité, et il dit : *Locutus cum mente mea, animadverti quod hoc quoque (sapientia) esset vanitas.* (*Eccl.*, l. II, v. 12-15.).
4. *Eccl.*, 2, 12, 17.
5. *Comme un exemple, le plus grand.* La grammaire veut que le mot déterminé par quelques mots qui suivent, le soit aussi par l'article qui précède, et qu'on dise : *comme l'exemple le plus grand...* Ici, en mettant une virgule après *exemple*, on peut supposer une ellipse, et dire : *comme un exemple (comme l'exemple) le plus grand....* C'est un moyen d'expliquer correctement cette phrase et d'autres qu'on trouve chez les meilleurs écrivains.

tout, les domine de tous côtés avec tant d'empire, et que, d'une main si prompte et si souveraine, elle renverse les têtes les plus respectées.

Considérez, messieurs, ces grandes puissances que nous regardons de si bas : pendant que nous tremblons sous leur main, Dieu les frappe pour nous avertir. Leur élévation en est la cause ; et il les épargne si peu qu'il ne craint pas de les sacrifier à l'instruction du reste des hommes. Chrétiens, ne murmurez pas si Madame a été choisie pour nous donner une telle instruction : il n'y a rien ici de rude pour elle, puisque, comme vous le verrez dans la suite, Dieu la sauve par le même coup qui nous instruit. Nous devrions être assez convaincus de notre néant ; mais s'il faut des coups de surprise à nos cœurs enchantés de l'amour du monde, celui-ci est assez grand et assez terrible. O nuit désastreuse ! ô nuit effroyable, où retentit tout à coup comme un éclat de tonnerre cette étonnante [1] nouvelle : Madame se meurt ! Madame est morte ! Qui de nous ne se sentit frappé à ce coup, comme si quelque tragique accident avait désolé sa famille ? Au premier bruit d'un mal si étrange, on accourut à Saint-Cloud [2] de toutes parts ; on trouve tout consterné, excepté le cœur de cette princesse : partout on entend des cris ; partout on voit la douleur et le désespoir [3], et l'image de la mort. Le roi, la reine, Monsieur, toute la cour, tout le peuple, tout est abattu, tout est désespéré ; et il me semble que je vois l'accomplissement de cette parole du prophète : « Le roi pleurera, le prince sera désolé, et les mains tomberont au peuple de douleur et d'étonnement [4]. »

Mais et les princes et les peuples gémissaient en vain ; en vain Monsieur, en vain le roi même tenait Madame serrée

1. *Étonnante*, qui frappe d'étonnement, ce dernier mot étant pris dans le sens du latin *attonitus*, frappé de stupeur. Quelle sublime hypotypose ! Bossuet, dit-on, pleura en prononçant ces paroles, et tous les assistants l'imitèrent.

2. *Saint-Cloud*, petit village peu éloigné de Paris, où était le château de la famille d'Orléans.

3. *Partout on voit...*, traduction d'un vers de Virgile, *Énéide*, II, 368 :

Luctus ubique, pavor et plurima mortis imago.

4. Rex lugebit, et princeps induetur mœrore, et manus populi terræ conturbabuntur. (Ezech., c. VII, v. 27.)

par de si étroits embrassements. Alors ils pouvaient dire l'un et l'autre avec saint Ambroise : *Stringebam brachia, sed jam amiseram quam tenebam*[1], « je serrais les bras, mais j'avais déjà perdu ce que je tenais. » La princesse leur échappait parmi des embrassements si tendres, et la mort plus puissante nous l'enlevait entre ces royales mains. Quoi donc! elle devait périr si tôt! Dans la plupart des hommes les changements se font peu à peu, et la mort les prépare ordinairement à son dernier coup : Madame cependant a passé du matin au soir, ainsi que l'herbe des champs[2]; le matin elle fleurissait, avec quelles grâces! vous le savez : le soir nous la vîmes séchée; et ces fortes expressions, par lesquelles l'Écriture sainte exagère l'inconstance des choses humaines, devaient être pour cette princesse si précises et si littérales! Hélas! nous composions son histoire de tout ce qu'on peut imaginer de plus glorieux : le passé et le présent nous garantissaient l'avenir, et on pouvait tout attendre de tant d'excellentes qualités. Elle allait s'acquérir deux puissants royaumes par des moyens agréables[3] : toujours douce, toujours paisible autant que généreuse et bienfaisante, son crédit n'y aurait jamais été odieux; on ne l'eût point vue s'attirer la gloire avec une ardeur inquiète et précipitée; elle l'eût attendue sans impatience, comme sûre de la posséder : cet attachement qu'elle a montré si fidèle pour le roi jusqu'à la mort lui en donnait les moyens; et certes c'est le bonheur de nos jours que l'estime se puisse joindre avec le devoir, et qu'on puisse autant s'attacher au mérite et à la personne du prince qu'on en révère la puissance et la majesté. Les inclinations de Madame ne l'attachaient pas moins fortement à tous ses autres devoirs : la passion qu'elle ressentait

---

1. Saint Ambroise, *Oratio de obitu Satyri fratris*, I, 19.
2. Saint Grégoire de Nazianze avait dit : ἐσμὲν ὄναρ... ἄνθος καιρῷ φυόμενον καὶ καιρῷ λυόμενον. Ἄνθρωπος, ὡσεὶ χόρτος αἱ ἡμέραι αὐτοῦ, ὡσεὶ ἄνθος τοῦ ἀγροῦ, οὕτως ἐξανθήσει. *El. fun. de Césaire.* — Homo, sicut fenum dies ejus (*Psalm.*, CII, 15). Ego tanquam fenum arui (*Psalm.*, CI, 12). — Ce passage, rapproché du portrait de Madame, page 45, montre toute la flexibilité du talent de Bossuet qui pouvait peindre tous les sentiments, même les plus tendres et les plus délicats. — Remarquez ces mots : *vous le savez*, et plus loin, *je le sais*, page 66.
3. *Agréables*, qui agréent, sens étymologique un peu affaibli aujourd'hui. Voyez aussi, page 53, *l'agréable histoire*.

pour la gloire de Monsieur n'avait point de bornes ; pendant que ce grand prince, marchant sur les pas de son invincible frère, secondait avec tant de valeur et de succès ses grands et héroïques desseins dans la campagne de Flandre[1], la joie de cette princesse était incroyable. C'est ainsi que ses généreuses inclinations la menaient à la gloire, par les voies que le monde trouve les plus belles ; et, si quelque chose manquait encore à son bonheur, elle eût tout gagné par sa douceur et par sa conduite. Telle était l'agréable histoire que nous faisions pour Madame ; et pour achever ces nobles projets, il n'y avait que la durée de sa vie dont nous ne croyions pas devoir être en peine : car qui eût pu seulement penser que les années eussent dû manquer à une jeunesse qui semblait si vive ? Toutefois c'est par cet endroit que tout se dissipe en un moment. Au lieu de l'histoire d'une belle vie, nous sommes réduits à faire l'histoire d'une admirable, mais triste mort. A la vérité, messieurs, rien n'a jamais égalé la fermeté de son âme, ni ce courage paisible qui, sans faire effort pour s'élever, s'est trouvé par sa naturelle situation[2] au-dessus des accidents les plus redoutables. Oui, Madame fut douce envers la mort comme elle l'était envers tout le monde ; son grand cœur ni ne s'aigrit ni ne s'emporta contre elle : elle ne la brave non plus avec fierté, contente de l'envisager sans émotion et de la recevoir sans trouble. Triste consolation, puisque, malgré ce grand courage, nous l'avons perdue ! C'est la grande vanité des choses humaines. Après que, par le dernier effet de notre courage, nous avons, pour ainsi dire, surmonté la mort, elle éteint en nous jusqu'à ce courage par lequel nous semblions la défier. La voilà, malgré ce grand cœur, cette princesse si admirée et si chérie ! la voilà telle que la mort nous l'a faite[3] ; encore ce reste tel quel va-t-il disparaître, cette ombre de gloire va s'évanouir, et nous l'allons voir dépouillée même de cette triste décoration. Elle va descendre à ces sombres lieux, à ces demeures souterraines, pour y dormir dans la

---

1. *Campagne de Flandre*, sous Turenne (1667).
2. *Sa naturelle situation.* Quelle force morale que celle qui n'a besoin, pour triompher, d'aucun effort !
3. *Nous l'a faite.* Expression aussi belle que simple, et dont la simplicité même produit la force et la beauté.

poussière avec les grands de la terre, comme parle Job, avec ces rois et ces princes anéantis, parmi lesquels à peine peut-on la placer, tant les rangs y sont pressés, tant la mort est prompte à remplir ces places! Mais ici notre imagination nous abuse encore; la mort ne nous laisse pas assez de corps pour occuper quelque place, et on ne voit là que les tombeaux qui fassent quelque figure : notre chair change bientôt de nature, notre corps prend un autre nom; même celui de cadavre, dit Tertullien[1], parce qu'il nous montre encore quelque forme humaine, ne lui demeure pas longtemps; il devient un je ne sais quoi qui n'a plus de nom dans aucune langue : tant il est vrai que tout meurt en lui, jusqu'à ces termes funèbres par lesquels on exprimait ses malheureux restes[2] !

C'est ainsi que la puissance divine, justement irritée contre notre orgueil, le pousse jusqu'au néant, et que, pour égaler à jamais les conditions, elle ne fait de nous tous qu'une même cendre. Peut-on bâtir sur ces ruines? peut-on appuyer quelque grand dessein sur ce débris inévitable des choses humaines? Mais quoi, messieurs, tout est-il donc désespéré pour nous? Dieu, qui foudroie toutes nos grandeurs jusqu'à les réduire en poudre, ne nous laisse-t-il aucune espérance? lui aux yeux de qui rien ne se perd, et qui suit toutes les parcelles de nos corps, en quelque endroit écarté du monde que la corruption ou le hasard les jette, verra-t-il périr sans ressource ce qu'il a fait capable de le connaître et de l'aimer? Ici un nouvel ordre de choses se présente à moi; les ombres de la mort se dissipent : « les voies me sont ouvertes à la véritable vie[3]. » Madame n'est plus dans le tombeau; la mort, qui semblait tout détruire[4], a tout établi : voici le secret de l'Ecclésiaste que je vous avais marqué dès le commencement de ce discours, et dont il faut maintenant découvrir le fond.

---

1. Cadit in originem terram, et cadaveris nomen, ex isto quoque nomine peritura, in nullum inde jam nomen, in omnis jam vocabuli mortem. (Tertul., *de Resurr. carnis*.)

2. Remarquez la gradation des pensées, dans toute cette période qu'on vient de lire.

3. Notas mihi fecisti vias vitæ. (*Psal.*, XV, v. 10.)

4. *Détruire, établi*, antithèse de mots.

Il faut donc penser[1], chrétiens, qu'outre le rapport que nous avons du côté du corps avec la nature changeante et mortelle, nous avons d'un autre côté un rapport intime et une secrète affinité avec Dieu, parce que Dieu même a mis quelque chose en nous qui peut confesser la vérité de son être, en adorer la perfection, en admirer la plénitude; quelque chose qui peut se soumettre à sa souveraine puissance, s'abandonner à sa haute et incompréhensible sagesse, se confier en sa bonté, craindre sa justice, espérer son éternité. De ce côté, messieurs, si l'homme croit avoir en lui de l'élévation, il ne se trompera pas; car, comme il est nécessaire que chaque chose soit réunie à son principe, et que c'est pour cette raison, dit l'Ecclésiaste, « que le corps retourne à la terre dont il a été tiré[2], » il faut par la suite du même raisonnement[3], que ce qui porte en nous la marque divine, ce qui est capable de s'unir à Dieu, y soit aussi rappelé. Or ce qui doit retourner à Dieu, qui est la grandeur primitive et essentielle, n'est-il pas grand et élevé? C'est pourquoi, quand je vous ai dit que la grandeur et la gloire n'étaient parmi nous que des noms pompeux, vides de sens et de choses, je regardais le mauvais usage que nous faisons de ces termes; mais, pour dire la vérité dans toute son étendue, ce n'est ni l'erreur ni la vanité qui ont inventé ces noms magnifiques; au contraire nous ne les aurions jamais trouvés si nous n'en avions porté le fonds en nous-mêmes; car où prendre ces nobles idées dans le néant[4]? La faute que nous faisons n'est donc pas de nous être servis de ces noms; c'est de les avoir appliqués à des objets trop indignes. Saint Chrysostome a bien compris cette vérité quand il a dit : « Gloire, richesses, noblesse, puissance, pour les hommes du monde ne sont que des noms; pour nous, si nous servons Dieu, ce sont des choses : au contraire, la pauvreté, la honte, la mort, sont des choses trop effectives et trop réelles pour eux; pour nous

---

1. Deuxième partie de la CONFIRMATION : la grandeur de l'homme après son néant. Ces deux parties sont unies naturellement par le contraste qui existe entre elles.
2. Revertatur pulvis ad terram suam unde erat. (*Eccl.*, XII, v. 7.) Spiritus redeat ad Deum, qui dedit illum. (*Ibid.*)
3. Exemple de sorite, qui commence à : *si l'homme...*, et qui se prolonge jusqu'à : *des objets trop indignes.*
4. Ex nihilo nihil.... (Lucrèce.)

ce sont seulement des noms[1], » parce que celui qui s'attache à Dieu ne perd ni ses biens, ni son honneur, ni sa vie. Ne vous étonnez donc pas si l'Ecclésiaste dit si souvent, « Tout est vanité; » il s'explique, « tout est vanité sous le soleil[2], » c'est-à-dire tout ce qui est mesuré par les années, tout ce qui est emporté par la rapidité du temps. Sortez du temps et du changement, aspirez à l'éternité : la vanité ne vous tiendra plus asservis. Ne vous étonnez pas, si le même Ecclésiaste[3] méprise tout en nous jusqu'à la sagesse, et ne trouve rien de meilleur que de goûter en repos le fruit de son travail. La sagesse[4] dont il parle en ce lieu est cette sagesse insensée, ingénieuse à se tourmenter, habile à se tromper elle-même, qui se corrompt dans le présent, qui s'égare dans l'avenir, qui par beaucoup de raisonnements et de grands efforts, ne fait que se consumer inutilement en amassant des choses que le vent emporte. « Eh! s'écrie ce sage roi, y a-t-il rien de si vain[5]? » Et n'a-t-il pas raison de préférer la simplicité d'une vie particulière, qui goûte doucement et innocemment ce peu de biens que la nature nous donne, aux soucis et aux chagrins des avares, aux songes inquiets des ambitieux? Mais « cela même, dit-il, ce repos, cette douceur de la vie, est encore une vanité[6], » parce que la mort trouble et emporte tout. Laissons-lui donc mépriser tous les états de cette vie, puisqu'enfin, de quelque côté qu'on s'y tourne, on voit toujours la mort en face, qui couvre de ténèbres tous nos plus beaux jours; laissons-lui égaler le fou et le sage, et même, je ne craindrai pas de le dire hautement en cette chaire, laissons-lui confondre l'homme avec la bête. *Unus interitus est hominis, et jumentorum*[7]. En effet, jusqu'à ce que nous ayons trouvé la véri-

---

1. *Hom.* 19, in Matth.
2. *Eccl.*, c. I, v. 2, 14; c. II, v. 11, 17.
3. *Eccl.*, c. I, 17; c. II, v. 12, 24.
4. *Sagesse insensée*, antithèse de mots; quelques lignes plus loin : *la véritable sagesse*.
5. Et est quidquam tam vanum. (*Eccl.*, c. II, v. 19.)
6. Vidi quod hoc quoque esset vanitas. (*Eccl.*, c. II, v. 1, 2; c. VIII, v. 10.)
7. *Eccl.*, c. III, v. 10. — La phrase qui suit est singulièrement embarrassée par les *qui* et *que*, mais elle est d'une force de vérité et de logique telle, qu'on ne s'en aperçoit pas d'abord.

table sagesse, tant que nous regarderons l'homme par les yeux du corps, sans y démêler par l'intelligence ce secret principe de toutes nos actions, qui, étant capable de s'unir à Dieu, doit nécessairement y retourner, que verrons-nous autre chose dans notre vie que de folles inquiétudes? et que verrons-nous dans notre mort[1], qu'une vapeur qui s'exhale, que des esprits qui s'épuisent, que des ressorts qui se démontent et se déconcertent, enfin qu'une machine qui se dissout et qui se met en pièces? Ennuyés de ces vanités, cherchons ce qu'il y a de grand et de solide en nous. Le sage nous l'a montré dans les dernières paroles de l'Ecclésiaste; et bientôt Madame nous le fera paraître dans les dernières actions de sa vie. « Crains Dieu, et observe ses commandements, car c'est là tout l'homme[2] : » comme s'il disait, Ce n'est pas l'homme que j'ai méprisé, ne le croyez pas ; ce sont les opinions, ce sont les erreurs par lesquelles l'homme abusé se déshonore lui-même. Voulez-vous savoir, en un mot, ce que c'est que l'homme? Tout son devoir, tout son objet, toute sa nature c'est de craindre Dieu; tout le reste est vain, je le déclare : mais aussi tout le reste n'est pas l'homme. Voici ce qui est réel et solide, et ce que la mort ne peut enlever; car ajoute l'Ecclésiaste, « Dieu examinera dans son jugement tout ce que nous aurons fait de bien et de mal[3]. » Il est donc maintenant aisé de concilier toutes choses. Le psalmiste dit[4] « qu'à la mort périront toutes nos pensées : » oui, celles que nous aurons laissé emporter au monde, dont la figure passe et s'évanouit. Car, encore que notre esprit soit de nature à vivre toujours, il abandonne à la mort tout ce qu'il consacre aux choses mortelles; de sorte que nos pensées, qui devaient être incorruptibles du côté de leur principe, deviennent périssables du côté de leur objet. Voulez-vous sauver quelque chose de ce débris si universel, si inévitable? donnez à Dieu vos affections; nulle force ne vous ravira ce que vous aurez déposé en ses mains divines : vous pourrez hardiment mépriser la mort, à l'exemple de notre héroïne chrétienne. Mais, afin de tirer d'un si bel exemple

---

1. Saint Grégoire de Nazianze a dit : ὄναρ ἐσμὲν οὐχ ἱστάμενον.... κόνις, ἀτμίς. (Élog. fun. de Césaire, c. 19.)
2. Eccl., c. XII, v. 13.
3. Eccl., c. XII, v. 14.
4. Psal., CXLV, v. 4.

toute l'instruction qu'il nous peut donner, entrons dans une profonde considération des conduites de Dieu sur elle[1], et adorons en cette princesse le mystère de la prédestination et de la grâce[2].

Vous savez que toute la vie chrétienne, que tout l'ouvrage de notre salut, est une suite continuelle de miséricorde, mais le fidèle interprète du mystère de la grâce, je veux dire le grand Augustin, m'apprend cette véritable et solide théologie, que c'est dans la première grâce et dans la dernière que la grâce se montre; c'est-à-dire que c'est dans la vocation qui nous prévient, et dans la persévérance finale qui nous couronne, que la bonté qui nous sauve paraît toute gratuite et toute pure. En effet, comme nous changeons deux fois d'état, en passant premièrement des ténèbres à la lumière, et ensuite de la lumière imparfaite de la foi à la lumière consommée de la gloire[3], comme c'est la vocation qui nous inspire la foi, et que c'est la persévérance qui nous transmet à la gloire; il a plu à la divine bonté de se marquer elle-même, au commencement de ces deux états, par une impression illustre[4] et particulière, afin que nous confessions que toute la vie du chrétien, et dans le temps qu'il espère, et dans le temps qu'il jouit, est un miracle de grâce. Que ces deux principaux moments de la grâce ont été bien marqués, par les merveilles que Dieu a faites pour le salut éternel de Henriette d'Angleterre! Pour la donner à l'Église il a fallu renverser tout un grand royaume[5]. La grandeur de la maison, d'où elle est sortie, n'était pour elle qu'un engagement plus étroit dans le schisme de ses ancêtres; disons des derniers de ses ancêtres, puisque tout ce qui les précède, à remonter jusqu'aux premiers temps, est si pieux et si catholique. Mais si les lois de l'État s'opposent à son salut éternel, Dieu ébranlera tout l'État pour l'affranchir de ces

1. *Des conduites de Dieu sur elle*, c'est-à-dire, des desseins.
2. Par la *prédestination*, l'Esprit saint fait élection d'une âme pour y descendre; par la *grâce* il la favorise de ses inspirations; les *grâces* sont les inspirations mêmes dont il la gratifie.
3. *Gloire* se prend ici dans le sens mystique, et non avec l'acception ordinaire.
4. *Illustre*, éclatante, sens étymologique.
5. Hyperbole à laquelle Bossuet s'est laissé entraîner, mais qui semble un peu exagérée.

lois : il met les âmes à ce prix ; il remue le ciel et la terre pour enfanter ses élus ; et comme rien ne lui est cher que ces enfants de sa dilection[1] éternelle, que ces membres inséparables de son Fils bien-aimé, rien ne lui coûte pourvu qu'il les sauve. Notre princesse est persécutée avant que de naître, délaissée aussitôt que mise au monde, arrachée en naissant à la piété d'une mère catholique, captive, dès le berceau, des ennemis implacables de sa maison, et, ce qui était plus déplorable, captive des ennemis de l'Église, par conséquent destinée premièrement par sa glorieuse naissance, et ensuite par sa malheureuse captivité, à l'erreur et à l'hérésie. Mais le sceau de Dieu était sur elle : elle pouvait dire avec le prophète[2] : « Mon père et ma mère m'ont abandonnée, mais le Seigneur m'a reçue en sa protection[3] : » délaissée de toute la terre dès ma naissance, « je fus comme jetée entre les bras de sa providence paternelle, et dès le ventre de ma mère il se déclara mon Dieu[4]. » Ce fut à cette garde fidèle que la reine sa mère commit ce précieux dépôt. Elle ne fut point trompée dans sa confiance ; deux ans après, un coup imprévu, et qui tenait du miracle, délivra la princesse des mains des rebelles. Malgré les tempêtes de l'océan, et les agitations encore plus violentes de la terre, Dieu la prenant sur ses ailes, comme l'aigle prend ses petits[5], la porta lui-même dans ce royaume ; lui-même la posa dans le sein de la reine sa mère, ou plutôt dans le sein de l'Église catholique. Là elle apprit les maximes de la piété véritable, moins par les instructions qu'elle y recevait que par les exemples vivants de cette grande et religieuse reine. Elle a imité ses pieuses libéralités ; ses aumônes, toujours abondantes, se sont répandues principalement sur les catholiques d'Angleterre, dont elle a été la fidèle protectrice. Digne fille de saint

1. *Dilection*, de dilectus, *amour, bienveillance*, d'où nous est venu prédilection. Le mot *dilection* n'est employé que dans le langage mystique.
2. Le prophète ici c'est David, le roi prophète, comme à la fin de la page 51.
3. *Psal.*, XXVI, c. 10. Quoniam pater meus et mater mea me dereliquerunt : Dominus autem assumpsit me.
4. *Psal.*, XXI, v. 11. In te projectus sum ex utero ; de ventre matris meæ Deus meus es tu.
5. Vidistis quomodo portaverim vos super alas aquilarum. (*Exod.*, XIX, 4.)

Édouard et de saint Louis, elle s'attacha du fond de son cœur à la foi de ces deux grands rois. Qui pourrait assez exprimer le zèle dont elle brûlait pour le rétablissement de cette foi dans le royaume d'Angleterre, où l'on en conserve encore tant de précieux monuments[1]? nous savons qu'elle n'eût pas craint d'exposer sa vie pour un si pieux dessein; et le ciel nous l'a ravie! O Dieu[2]! que prépare ici votre éternelle providence? me permettrez-vous, ô Seigneur, d'envisager en tremblant vos saints et redoutables conseils? Est-ce que les temps de confusion ne sont pas encore accomplis? est-ce que le crime qui fit céder vos vérités saintes à des passions malheureuses[3] est encore devant vos yeux, et que vous ne l'avez pas assez puni par un aveuglement de plus d'un siècle[4]? Nous ravissez-vous Henriette, par un effet du même jugement qui abrégea les jours de la reine Marie[5], et son règne si favorable à l'Église? ou bien voulez-vous triompher seul? et, en nous ôtant les moyens dont nos désirs se flattaient, réservez-vous, dans les temps marqués par votre prédestination éternelle, de secrets retours[6] à l'État et à la maison d'Angleterre? Quoi qu'il en soit, ô grand Dieu, recevez-en aujourd'hui les bienheureuses prémices en la personne de cette princesse : puisse toute sa maison et tout le royaume suivre l'exemple de sa foi! Ce grand roi[7] qui remplit de tant de vertus le trône de ses ancêtres, et fait louer tous les jours la divine main qui l'y a rétabli comme par miracle, n'improuvera pas notre zèle si nous souhaitons devant Dieu que lui et tous ses peuples soient comme nous. *Opto apud Deum, non tantum te, sed etiam omnes fieri*

1. *Monuments*, sens latin, *souvenir*; probablement les conversions qu'elle avait opérées par son influence.
2. Apostrophe d'une grande hardiesse.
3. *Malheureuses*, sens actif, qui porte malheur.
4. *De plus d'un siècle*, de 1534-1570.
5. Marie Tudor, fille de Henri VIII, de 1553 à la fin de 1558.
6. *Secrets retours*. Bossuet avait-il connaissance de ces conversions effectuées par l'influence de Henriette-Anne, et qui ne devaient pas toutes se réaliser? Il est probable cependant qu'il ignorait entièrement le fameux traité du 22 mai 1670, dont nous avons parlé plus haut, page 47.
7. *Ce grand roi*, éloge obligé, mais qui ne fut pas confirmé par l'histoire.

tales, qualis et ego sum[1]. Ce souhait est fait pour les rois, et saint Paul étant dans les fers, le fit la première fois en faveur du roi Agrippa; mais saint Paul en exceptait ses liens, *exceptis vinculis his :* et nous, nous souhaitons principalement que l'Angleterre, trop libre dans sa croyance, trop licencieuse[2] dans ses sentiments, soit enchaînée comme nous de ces bienheureux liens qui empêchent l'orgueil humain de s'égarer dans ses pensées, en le captivant sous l'autorité du Saint-Esprit et de l'Église.

Après vous avoir exposé le premier effet de la grâce de Jésus-Christ en notre princesse, il me reste, messieurs, de vous faire considérer le dernier, qui couronnera tous les autres. C'est par cette dernière grâce que la mort change de nature pour les chrétiens, puisqu'au lieu qu'elle semblait être faite pour nous dépouiller de tout, elle commence, comme dit l'Apôtre[3], à nous revêtir et nous assurer éternellement la possession des biens véritables. Tant que nous sommes détenus dans cette demeure mortelle, nous vivons assujettis aux changements, parce que, si vous me permettez de parler ainsi, c'est la loi du pays que nous habitons ; et nous ne possédons aucun bien, même dans l'ordre de la grâce, que nous ne puissions perdre un moment après, par la mutabilité[4] naturelle de nos désirs : mais aussitôt qu'on cesse pour nous de compter les heures, et de mesurer notre vie par les jours et par les années, sortis des figures qui passent et des ombres[5] qui disparaissent, nous arrivons au règne de la vérité, où nous sommes affranchis de la loi des changements. Ainsi notre âme n'est plus en péril, nos résolutions ne vacillent plus ; la mort, ou plutôt la grâce de la

---

1. *Act.*, XXVI, v. 29. Agrippa, roi de Judée, et sa femme Bérénice, voulurent entendre saint Paul, qui était prisonnier.

2. *Licencieuse.* Ce mot, dans le sens qu'il présente, peut être rapproché du *libertinage d'esprit* remarqué dans l'oraison funèbre de Henriette-Marie, page 16, note 4.

3. Oportet corruptibile hoc induere incorruptionem et mortale hoc induere immortalitatem (*ad Cor.*, l. XV, 53 et 54). — Antithèse de mots et de pensées.

4. *Mutabilité*, mot rare et plus latin que français.

5. *Ombres....* Allusion à ce que dit Platon du peu de réalité de nos impressions, dans la caverne où il suppose que nous vivons n'ayant devant les yeux que des ombres. (Plat., *de Repub.*, l. VII.)

persévérance finale a la force de les fixer; et de même que le testament[1] de Jésus-Christ, par lequel il se donne à nous, est confirmé à jamais, suivant le droit des testaments et la doctrine de l'Apôtre, par la mort de ce divin testateur, ainsi la mort du fidèle fait que ce bienheureux testament, par lequel de notre côté nous nous donnons au Sauveur, devient irrévocable. Donc, messieurs, si je vous fais voir encore une fois Madame aux prises avec la mort, n'appréhendez rien pour elle; quelque cruelle que la mort vous paraisse, elle ne doit servir, à cette fois, que pour accomplir l'œuvre de la grâce, et sceller en cette princesse le conseil de son éternelle prédestination. Voyons donc ce dernier combat : mais encore un coup affermissons-nous; ne mêlons point de faiblesse à une si forte action, et ne déshonorons point par nos larmes une si belle victoire. Voulez-vous voir combien la grâce qui a fait triompher Madame a été puissante? voyez combien la mort a été terrible[2]. Premièrement elle a plus de prise sur une princesse qui a tant à perdre; que d'années elle va ravir à cette jeunesse ! que de joie elle enlève à cette fortune ! que de gloire elle ôte à ce mérite ! d'ailleurs peut-elle venir ou plus prompte ou plus cruelle? c'est ramasser toutes ses forces[3], c'est unir tout ce qu'elle a de plus redoutable, que de joindre, comme elle fait, aux plus vives douleurs l'attaque la plus imprévue : mais, quoique sans menacer et sans avertir elle se fasse sentir tout entière dès le premier coup, elle trouve la princesse prête. La grâce plus active encore l'a déjà mise en défense; ni la gloire ni la jeunesse n'auront un soupir : un regret immense de ses péchés ne lui permet pas de regretter autre chose. Elle demande le crucifix sur lequel elle avait vu expirer la reine sa belle-mère[4], comme pour y recueillir les impressions de con-

---

1. Hoc testamentum quod testabor ad illos post dies illos, dicit Dominus. (*Ad Hebr.*, X, 15.)

2. Cette mort terrible fit croire à un empoisonnement : on en accusa le chevalier de Lorraine, ami du duc d'Orléans, et tout récemment exilé par l'influence de Madame. La princesse venait de prendre un verre de chicorée, lorsqu'elle fut saisie de violentes douleurs, et après neuf heures de souffrances, elle mourut, à l'âge de vingt-six ans.

3. Quelle force d'expression ! *ramasser toutes ses forces*.

4. Anne d'Autriche, morte en 1665. Quel rapprochement d'i-

stance et de piété que cette âme vraiment chrétienne y avait laissées avec les derniers soupirs. A la vue d'un si grand objet, n'attendez pas de cette princesse des discours étudiés et magnifiques ; une sainte simplicité fait ici toute la grandeur. Elle s'écrie : « O mon Dieu, pourquoi n'ai-je pas toujours mis en vous ma confiance? » Elle s'afflige, elle se rassure, elle confesse humblement et avec tous les sentiments d'une profonde douleur, que de ce jour seulement elle commence à connaître Dieu, n'appelant pas le connaître que de regarder encore tant soit peu le monde. Qu'elle nous parut au-dessus de ces lâches chrétiens qui, s'imaginent avancer leur mort quand ils préparent leur confession, qui ne reçoivent les saints sacrements que par force, dignes certes de recevoir pour leur jugement ce mystère de piété qu'ils ne reçoivent qu'avec répugnance ! Madame appelle les prêtres plutôt que les médecins ; elle demande d'elle-même les sacrements de l'Église ; la pénitence avec componction ; l'eucharistie avec crainte, et puis avec confiance ; la sainte onction des mourants avec un pieux empressement. Bien loin d'en être effrayée, elle veut la recevoir avec connaissance ; elle écoute l'explication de ces saintes cérémonies, de ces prières apostoliques, qui, par une espèce de charme divin, suspendent les douleurs les plus violentes ; qui font oublier la mort (je l'ai vu souvent)[1] à qui les écoute avec foi ; elle les suit, elle s'y conforme ; on lui voit paisiblement présenter son corps à cette huile sacrée, ou plutôt au sang de Jésus qui coule si abondamment avec cette précieuse liqueur. Ne croyez pas que ses excessives et insupportables douleurs aient tant soit peu troublé sa grande âme. Ah ! je ne veux plus tant admirer les braves ni les conquérants : Madame m'a fait connaître la vérité de cette parole du Sage : « Le patient vaut mieux que le brave, et celui qui dompte son cœur vaut mieux que celui qui prend des villes[2]. » Combien a-t-elle été

---

dées et quelle simplicité touchante d'expressions pour les rendre !

1. *Je l'ai vu souvent*, et un peu plus loin, *je le sais* : on n'accusera pas Bossuet de s'être mis trop souvent ni trop longuement en scène, dans les oraisons funèbres de ces personnages qu'il avait assistés lui-même, pendant leurs derniers moments.

2. Melior est patiens viro forti ; et qui dominatur animo suo, expugnatore urbium. (*Prov.*, XVI, v. 32.)

maîtresse du sien! avec quelle tranquillité a-t-elle satisfait à tous ses devoirs! Rappelez en votre pensée ce qu'elle a dit à Monsieur[1]; quelle force! quelle tendresse! O paroles qu'on voyait sortir de l'abondance d'un cœur qui se sent au-dessus de tout; paroles que la mort présente, et Dieu plus présent encore, ont consacrées; sincères productions d'une âme qui, tenant au ciel, ne doit plus rien à la terre que la vérité, vous vivrez éternellement dans la mémoire des hommes, mais surtout vous vivrez éternellement dans le cœur de ce grand prince. Madame ne peut plus résister aux larmes qu'elle lui voit répandre : invincible par tout autre endroit, ici elle est contrainte de céder; elle prie Monsieur de se retirer, parce qu'elle ne veut plus sentir de tendresse que pour ce Dieu crucifié qui lui tend les bras. Alors qu'avons-nous vu? qu'avons-nous ouï? Elle se conformait aux ordres de Dieu; elle lui offrait ses souffrances en expiation de ses fautes; elle professait hautement la foi catholique, et la résurrection des morts[2], cette précieuse consolation des fidèles mourants; elle excitait le zèle de ceux qu'elle avait appelés pour l'exciter elle-même[3], et ne voulait point qu'ils cessassent un moment de l'entretenir des vérités chrétiennes; elle souhaita mille fois d'être plongée au sang de l'Agneau; c'était un nouveau langage que la grâce lui apprenait. Nous ne voyions en elle, ni cette ostentation par laquelle on veut tromper les autres, ni ces émotions d'une âme alarmée, par lesquelles on se trompe soi-même; tout était simple, tout était solide, tout était tranquille, tout partait d'une âme soumise et d'une source sanctifiée par le Saint-Esprit.

En cet état, messieurs, qu'avions-nous à demander à Dieu pour cette princesse, sinon qu'il l'affermît dans le bien et qu'il conservât en elle les dons de sa grâce? Ce grand Dieu

---

1. *Ce qu'elle a dit à Monsieur* : « Hélas! Monsieur, vous ne m'aimez plus, il y a longtemps; mais cela est injuste, je ne vous ai jamais manqué. » Monsieur parut fort touché. (Mme de Lafayette.)

2. Allusion au symbole de notre foi qu'elle a récité dans ses derniers moments.

3. Avec quelle discrétion Bossuet rappelle tous ces détails qui lui sont personnels? c'était lui que Madame demandait et rappelait, et qu'elle invitait à continuer ses entretiens auprès du lit funèbre et jusqu'au dernier moment.

nous exauçait; mais souvent, dit saint Augustin, en nous exauçant[1], il trompe heureusement notre prévoyance. La princesse est affermie dans le bien, d'une manière plus haute que celle que nous entendions. Comme Dieu ne voulait plus exposer aux illusions du monde les sentiments d'une piété si sincère, il a fait ce que dit le Sage, « il s'est hâté[2]. » En effet, quelle diligence! en neuf heures l'ouvrage est accompli; « il s'est hâté de la tirer du milieu des iniquités. » Voilà, dit le grand saint Ambroise, la merveille de la mort dans les chrétiens : elle ne finit pas leur vie, elle ne finit que leurs péchés[3] et les périls où ils sont exposés. Nous nous sommes plaints que la mort, ennemie des fruits que nous promettait la princesse, les a ravagés dans la fleur[4]; qu'elle a effacé, pour ainsi dire, sous le pinceau même un tableau qui s'avançait à la perfection avec une incroyable diligence, dont les premiers traits, dont le seul dessin montrait déjà tant de grandeur; changeons maintenant de langage; ne disons plus que la mort a tout d'un coup arrêté le cours de la plus belle vie du monde, et de l'histoire qui se commençait le plus noblement; disons qu'elle a mis fin aux plus grands périls dont une âme chrétienne peut être assaillie; et, pour ne point parler ici des tentations infinies qui attaquent à chaque pas la faiblesse humaine, quel péril n'eût point trouvé cette princesse dans sa propre gloire? La gloire! qu'y a-t-il pour le chrétien de plus pernicieux et de plus mortel? quel appât plus dangereux? quelle fumée plus capable de faire tourner les meilleures têtes? Considérez la princesse[5]; représentez-vous cet esprit qui, répandu par tout son extérieur, en rendait les grâces si vives. Tout était esprit, tout était bonté. Affable à tous avec dignité, elle savait estimer les uns sans

1. Exaudiendo ad futuram sanitatem....
2. Properavit educere de medio iniquitatum. (*Sap.*, c. IV, v. 14.)
3. Finis factus est erroris. quia culpa, non natura defecit. (*De Bono mortis*, IX, 38.)
4. Quelle grâce dans ces expressions!

Ut flos succisus aratro.... (Virgile.)

5. *Considérez la princesse;* Bossuet revient pour la troisième fois sur l'éloge de Madame; ici, c'est pour se résumer en quelques mots.

fâcher les autres; et, quoique le mérite fût distingué, la faiblesse ne se sentait pas dédaignée : quand quelqu'un traitait avec elle, il semblait qu'elle eût oublié son rang pour ne se soutenir que par sa raison; on ne s'apercevait presque pas qu'on parlât à une personne si élevée, on sentait seulement, au fond de son cœur, qu'on eût voulu lui rendre au centuple la grandeur dont elle se dépouillait si obligeamment. Fidèle en ses paroles, incapable de déguisement, sûre à ses amis, par la droiture et la lumière de son esprit, elle les mettait à couvert des vains ombrages, et ne leur laissait à craindre que leurs propres fautes. Très-reconnaissante des services, elle aimait à prévenir les injures par sa bonté; vive à les sentir, facile à les pardonner. Que dirai-je de sa libéralité? elle donnait non-seulement avec joie, mais avec une hauteur d'âme qui marquait tout ensemble et le mépris [1] du don et l'estime de la personne : tantôt par des paroles touchantes, tantôt même par son silence, elle relevait ses présents; et cet art de donner agréablement, qu'elle avait si bien pratiqué durant sa vie, l'a suivie, je le sais, jusqu'entre les bras de la mort [2]. Avec tant de grandes et tant d'aimables qualités, qui eût pu lui refuser son admiration? mais avec son crédit, avec sa puissance, qui n'eût voulu s'attacher à elle? N'allait-elle pas gagner tous les cœurs? c'est-à-dire la seule chose qu'ont à gagner ceux à qui la naissance et la fortune semblent tout donner; et, si cette haute élévation est un précipice affreux pour les chrétiens, ne puis-je pas dire, messieurs, pour me servir des paroles fortes du plus grave des historiens, « qu'elle allait être précipitée dans la gloire [3]? » car quelle créature fut jamais plus propre à être l'idole du monde? Mais ces idoles que le monde adore, à combien de tentations délicates ne sont-elles pas exposées?

---

1. *Mépris* et *estime*, antithèse de mots.
2. Comme M. de Condom lui parlait..., elle dit en anglais, afin que M. de Condom ne l'entendît pas, conservant jusqu'à la mort la politesse de son esprit : « Donnez à M. de Condom, lorsque je serai morte, l'émeraude que j'avais fait faire pour lui. » (Mme de Lafayette.) Plus tard, on regrettait devant Bossuet qu'il ne pût être parlé de cette bague dans une oraison funèbre : « Pourquoi pas? » dit Bossuet, et le *je le sais* est la réponse à cette espèce de défi.
3. In ipsam gloriam præceps agebatur. (Tacit., *Agr.*, 41.)

La gloire, il est vrai, les défend de quelques faiblesses; mais la gloire les défend-elle de la gloire même? ne s'adorent-elles pas secrètement? ne veulent-elles pas être adorées? que n'ont-elles pas à craindre de leur amour-propre? et que se peut refuser la faiblesse humaine, pendant que le monde lui accorde tout? n'est-ce pas là qu'on apprend à faire servir à l'ambition, à la grandeur, à la politique, et la vertu, et la religion, et le nom de Dieu? La modération que le monde affecte n'étouffe pas les mouvements de la vanité; elle ne sert qu'à les cacher; et plus elle ménage le dehors, plus elle livre le cœur aux sentiments les plus délicats et les plus dangereux de la fausse gloire : on ne compte plus que soi-même, et on dit au fond de son cœur : « Je suis, et il n'y a que moi sur la terre¹. » En cet état, messieurs, la vie n'est-elle pas un péril? la mort n'est-elle pas une grâce? Que ne doit-on pas craindre de ces vices, si les bonnes qualités sont si dangereuses? N'est-ce donc pas un bienfait de Dieu d'avoir abrégé les tentations avec les jours de Madame; de l'avoir arrachée à sa propre gloire, avant que cette gloire par son excès eût mis en hasard² sa modération? Qu'importe que sa vie ait été si courte? jamais ce qui doit finir³ ne peut être long. Quand nous ne compterions point ses confessions plus exactes, ses entretiens de dévotion plus fréquents, son application plus forte à la piété dans les derniers temps de sa vie; ce peu d'heures saintement passées, parmi les plus rudes épreuves et dans les sentiments les plus purs du christianisme, tiennent lieu toutes seules d'un âge accompli. Le temps a été court, je l'avoue, mais l'opération de la grâce a été forte, mais la fidélité de l'âme a été parfaite. C'est l'effet d'un art consommé de réduire en petit tout un grand ouvrage; et la grâce, cette excellente ouvrière, se plaît quelquefois à renfermer en un jour la perfection d'une longue vie⁴. Je sais que Dieu ne veut pas qu'on s'attende à de tels miracles; mais si la témérité insensée des hommes abuse de ses bontés,

---

1. Ego sum, et præter me non est altera. (Isa., c. XLVII, v. 10.)
2. *Mis en hasard* : hasard a le sens de danger.
3. *Jamais ce qui doit finir ne peut être long* : exemple d'enthymème, syllogisme de l'orateur.
4. Allusion à l'indulgence dont le pécheur peut se montrer digne par une contrition véritable, même au dernier instant.

son bras pour cela n'est pas raccourci, et sa main n'est pas affaiblie. Je me confie pour Madame en cette miséricorde, qu'elle a si sincèrement et si humblement réclamée. Il semble que Dieu ne lui ait conservé le jugement libre jusqu'au dernier soupir, qu'afin de faire durer les témoignages de sa foi. Elle a aimé en mourant le Sauveur Jésus, les bras lui ont manqué plutôt que l'ardeur d'embrasser la croix ; j'ai vu [1] sa main défaillante chercher encore en tombant de nouvelles forces pour appliquer sur ses lèvres ce bienheureux signe de notre rédemption : n'est-ce pas mourir entre les bras et dans le baiser du Seigneur ?

Péroraison. — Ah ! nous pouvons achever ce saint sacrifice [2] pour le repos de Madame, avec une pieuse confiance ; ce Jésus en qui elle a espéré, dont elle a porté la croix en son corps par des douleurs si cruelles, lui donnera encore son sang dont elle est déjà toute teinte [3], toute pénétrée, par la participation à ses sacrements, et par la communion avec ses souffrances. Mais en priant pour son âme, chrétiens, songeons à nous-mêmes. Qu'attendons-nous pour nous convertir ? quelle dureté est semblable à la nôtre, si un accident si étrange, qui devrait nous pénétrer jusqu'au fond de l'âme, ne fait que nous étourdir pour quelques moments ! Attendons-nous que Dieu ressuscite des morts pour nous instruire ? Il n'est point nécessaire que les morts reviennent, ni que quelqu'un sorte du tombeau ; ce qui entre aujourd'hui dans le tombeau doit suffire pour nous convertir : car, si nous savons nous connaître, nous confessons, chrétiens, que les

---

1. Exemple d'hypotypose. — Monsieur de Condom lui parlait toujours et elle lui répondait, avec le même jugement que si elle n'eût pas été malade, tenant toujours le crucifix sur sa bouche ; la mort seule le lui fit abandonner.... Son agonie n'eut qu'un moment, et après deux ou trois mouvements convulsifs dans la bouche, elle expira.... (Mme de Lafayette.)

2. *Saint sacrifice.* La messe, qu'on disait pour le repos de l'âme, était suspendue pendant l'oraison funèbre.

3. *Dont elle est déjà toute teinte :* allusion à ce qui est dit plus haut : *on lui voit paisiblement présenter son corps à cette huile sacrée, ou plutôt au sang de Jésus qui coule...*, et quelques lignes plus loin : *elle souhaite mille fois d'être plongée au sang de l'Agneau.*

vérités de l'éternité sont assez bien établies; nous n'avons rien que de faible à leur opposer; c'est par passion et non par raison que nous osons les combattre. Si quelque chose les empêche de régner sur nous, ces saintes et salutaires vérités, c'est que le monde nous occupe, c'est que les sens nous enchantent, c'est que le présent nous entraîne. Faut-il un autre spectacle pour nous détromper et des sens, et du présent, et du monde? La providence divine pouvait-elle nous mettre en vue, ni de plus près ni plus fortement [1], la vanité des choses humaines? et, si nos cœurs s'endurcissent après un avertissement si sensible, que lui reste-t-il autre chose que de nous frapper nous-mêmes sans miséricorde? Prévenons un coup si funeste et n'attendons pas toujours des miracles de la grâce. Il n'est rien de plus odieux à la souveraine puissance, que de la vouloir forcer par des exemples, et de lui faire une loi de ses grâces et de ses faveurs [2]. Qu'y a-t-il donc, chrétiens, qui puisse nous empêcher de recevoir sans différer ses inspirations? Quoi! le charme de sentir est-il si fort que nous ne puissions rien prévoir? les adorateurs des grandeurs humaines seront-ils satisfaits de leur fortune, quand ils verront que dans un moment leur gloire passera à leur nom, leurs titres à leurs tombeaux, leurs biens à des ingrats, et leurs dignités peut-être à leurs envieux [3]? Que si nous sommes assurés qu'il viendra un dernier jour où la mort nous forcera de confesser toutes nos erreurs, pourquoi ne pas mépriser, par raison, ce qu'il faudra un jour mépriser par force? et quel est notre aveuglement si, toujours avançant vers notre fin, et plutôt mourants que vivants, nous attendons les derniers soupirs, pour prendre les sentiments que la seule pensée de la mort nous devrait inspirer, à tous les moments de notre vie? Commencez aujourd'hui à mépriser les faveurs du monde; et toutes les fois que vous serez dans ces lieux augustes, dans ces superbes palais à qui Madame donnait un éclat que vos yeux recherchent encore, toutes les fois que, regardant cette grande place qu'elle rem-

---

1. Emploi remarquable de *ni* avec la forme interrogative, comme si c'était avec une négation, pour insister sur ce que l'on veut affirmer.
2. *Une loi de ses grâces et de ses faveurs*, antithèse de pensées.
3. Quelle ironie dans ce dernier trait!

plissait si bien, vous sentirez qu'elle y manque, songez que cette gloire que vous admiriez faisait son péril en cette vie, et que dans l'autre elle est devenue le sujet d'un examen rigoureux, où rien n'a été capable de la rassurer, que cette sincère résignation qu'elle a eue aux ordres de Dieu, et les saintes humiliations de la pénitence.

www.ingramcontent.com/pod-product-compliance
Lightning Source LLC
Chambersburg PA
CBHW060723050426
42451CB00010B/1599